さーやんの ゼロスキル! キャンプ飯

さーやん

料理苦手な人もヨユー!

光文社

はじめに

私は、もともとはめちゃくちゃインドアタイプの人間でした。

とにかく紫外線を浴びたくない！　おうちでぬくぬくアニメを観たり、映画を観たりしてのんびりしていたい！　そんな人間です。笑

それが、夫のともやんと出会い、キャンプの魅力に目覚めました。

ともやんが自分の好きなキャンプを私にも好きになってほしいと、はじめてのキャンプで至れり尽くせりなエスコートをしてくれて…まんまとキャンプ沼にハマったのです。

ゆらめく炎を見つめながら過ごす夜の焚き火タイムや、朝の澄んだ空気。インドア生活を送っていた私には、すべてが新鮮でキラキラして見えました。何よりも感動したのが、飯ごうで炊いた白米！　炊飯器で炊いたごはんとはくらべものにならないほどおいしくて、白米だけで茶碗1杯食べちゃいました。

それまで料理を作るのも好きではなかったのですが、キャンプごはんを作るのは楽しい&おいしいため、いつの間にか次のキャンプでは何を作ろうかな～と考えるように。今ではスマホのメモに、作りたいキャンプごはんのアイデアがギッシリ書かれています。

だからみなさんにも、まずはベランダや庭や公園など、外で食べるごはんのおいしさを味わってみてほしいな、と思うのです。そして最初はデイキャンプでもいいから、野外で作って食べることにチャレンジを。この本に載っているのは、キャンプ初心者や料理初心者でも作れるくらいカンタンなメニューばかり。うんとハードルを下げたので、ぜひ気軽に作ってみてください。

さーやん

さーやん流
キャンプごはんの極意

キャンプ場での時間をゆったり満喫したいからこそ、大切なのが準備。
手を抜けるところは抜いて。ときには特別感のあるごはんで盛り上がって。
メリハリをつけながらキャンプのごはんを楽しみましょう。

極意 1 おうちでなるべく準備を

たとえばチヂミの材料を家でまぜあわせて保存袋に入れておくなど、事前に準備をしておけば、キャンプ場で時間に追われることなく、すぐに食べられます。

極意 2 旬の食材が最高！

安くておいしくて、栄養もある旬の食材。シンプルに焼いたり、ごはんに炊き込んだり、キャンプでも積極的にとるようにしています。

極意 3 冷凍食品やインスタントなど市販品も活用

味が完成されている市販品は、アレンジするだけでもおいしいごはんができます。また、冷凍食品など下ごしらえなしで使える食材も取り入れています。

極意 4 キャンプギアをオリジナルに使いこなす

ホットサンドメーカーはサンド専用になりがちですが、蒸し焼きできてカンタンに裏返せるから餃子を焼くのにも◎。道具を活用すれば料理の幅も広がります。

極意 5 キャンプなら“焼く”だけでもごちそうに

青空の下で食べれば何でもおいしく感じるもの。凝ったごはんを作らなくても、シンプルに食材を焼いてしょうゆをかけるだけで、十分なごちそうになります。

極意 6 どうせなら映えたい！盛りつけも大事

断面を意識してサンドを切ったり、華やかに盛りつけたり。おいしそうに演出できればテンションが上がるし、グループキャンプなどでも盛り上がります。

極意 7 氷は水筒に入れていく

あつあつの料理に添えたいのが、ひえひえのドリンク。氷は開け閉めが多いクーラーボックスに入れると溶けやすいので、我が家は水筒に入れています。

極意 8 洗い物がらくになるように一工夫

すすなど頑固な汚れがつきやすいキャンプの調理。水場が遠かったりすると、洗い物をするのも一苦労です。洗う手間を減らす工夫をp.9にまとめました。

キャンプの料理でまず押さえたい「火」と「水」

野外で火を使う料理をするなら火器が、水を使うなら水の準備が必要に。キャンプで一般的に使われている設備や道具をご紹介するので、自分の用途や目的に合ったものを選びましょう。

火器を用意しよう

焚き火台

焚き火はキャンプの醍醐味。その火を生かして炙り料理などができるほか、五徳や焼き網を設置すれば調理道具を使った料理もできます。最近は地面に火が触れる「じか火」が禁止のキャンプ場も多いので、焚き火台を用意しましょう。

バーナー

ガス缶やガソリンを燃料とするアウトドア用コンロ。火力の調節が可能なので、初心者でも料理しやすいです。燃料に直接装着する一体型と、ホースなどでつなぐ分離型がありますが、大きい調理道具をのせるなら分離型がおすすめ。

カセットコンロ

おなじみカセットコンロも、火おこしが不要で火加減が調節しやすいので初心者向き。屋外だと風で火が消えやすいので、風防機能が備わっていて火力の強いタイプがおすすめです。持ち運びしやすいケースつきや、小型タイプもあります。

固形燃料ストーブ

最初から道具を揃えるのが大変なら、100均などでも売っている固形燃料を活用しても。固形燃料を設置する台(ストーブ)も100均で入手できます。p.82で固形燃料を使ってごはんを炊く方法をご紹介しているので、ぜひお試しください。

注意！
・火器を使用する際は、万が一の火事に備え、消火用の水も用意しましょう。
・火が燃え移らないように距離を取って調理を。風が強い日は火器の使用を控えましょう。

水を用意しよう

ウォータージャグ

キャンプサイトと水場が離れていることもあるので、手を洗ったり料理に使ったりする水を貯めておける、大容量のウォータージャグがあると便利です。安定感のあるハードタイプと、小さく折りたためるソフトタイプがあります。

ペットボトルや水筒

ソロキャンプや少人数のキャンプなら、ペットボトルの水を持参したり、手持ちの水筒を水の保管に使ったりするのも手軽です。ペットボトルの水は安心して飲めるほか、水を注ぎやすいので、料理に使う際に便利。

さーやんの
キャンプキッチン大公開

キャンプギアは、効率よく調理を進めるための強い味方となります。
この本のレシピで使っている調理道具やグッズを中心に、
私がふだん愛用しているアイテムをご紹介します。

定番のキッチンセット

焚き火台に五徳をセットして
調理道具をのせ、ローチェアに座ったり、
あぐらをかいたりして料理するのが基本。
作業用のミニテーブルもあると便利です。

焚き火台

(Tokyo Camp／焚き火台)

この焚き火台の耐荷重は10kgあるので、調理道具を使った本格的な料理もできます。

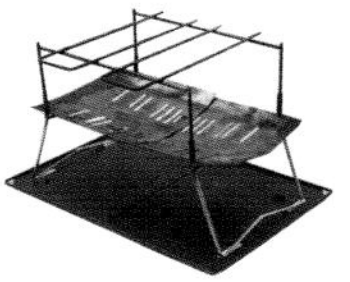

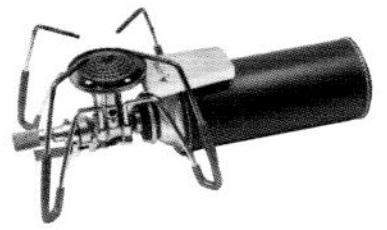

シングルバーナー

(SOTO／レギュレーターストーブ ST-310)

火おこしが面倒なときや、すぐに調理したいときのために用意しておくと安心。

火吹き棒

(belmont／焚き火ブロウパイプ ライトブラウン)

火力が弱くなったときにこれで息を吹き込むと、火の勢いを復活させられます。

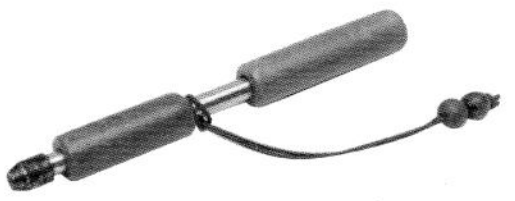

火ばさみ

(sanzoku mountain／geji)

薪や炭をつかむアイテム。薪を追加したり、移動して火力を調整するのに便利。

ミニテーブル

(夫ともやん作のウォールナットテーブル)

材料を切ったり、まぜたり。作業に使えるテーブルがあると効率アップ。

基本の調理道具

メスティン
（OUTDOOR SHOP DECEMBER／DECEMBERオリジナル Trangia メスティン ベージュ）

アルミ素材の飯ごう。炊飯だけでなく、煮る、蒸すなどさまざまな調理が可能。本書では容量750mℓのものを使用。

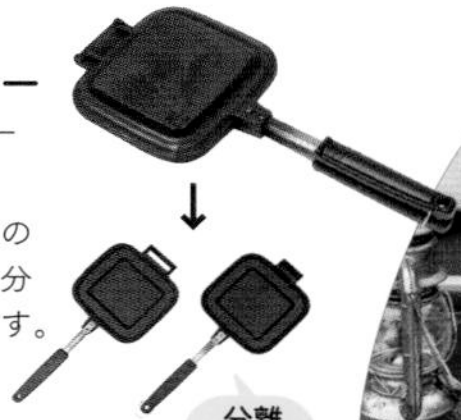

ホットサンドメーカー
（IWANO／ホットサンドメーカーFT）

キャンプにはじか火対応のものを。上下が分かれる分離型なら別々にも使えます。

マルチグリドルパン
（JHQ／鉄板マルチグリドル フラット 33cm）

話題のアルミ素材の調理道具。軽量で焦げつきにくく食器がわりにも使えます。中央にくぼみがあり、煮る料理も可能。

鉄板（ASOBU／IRORI-201専用グリル HAGANE-02）

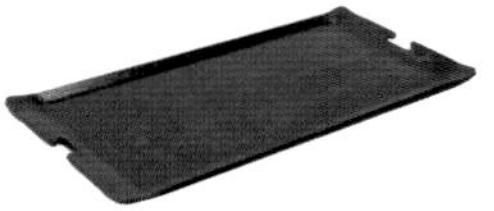

鉄板は熱が均一に伝わるのでムラなく加熱でき、おいしく仕上がります。

フライパン
（turk／クラシックフライパン 5号 26cm）

焼いたり炒めたりする際は、フライパンが便利。家で使っているものでもOK。

鍋（クッカー）
（UNIFLAME／山クッカー角型３）

「クッカー」「コッフェル」と呼ばれる携帯用の鍋が軽量でおすすめ。

たこ焼き器
（Snow Peak／グリルバーナー雪峰苑 たこ焼きプレート）

グループキャンプなどを盛り上げるアイテム。たこ焼き以外に使っても（p.66）。

レシピページではどの調理道具が向いているかアイコンで表示しています

フライパン、スキレット　マルチグリドルパン　鍋（クッカー）　メスティン　ホットサンドメーカー　たこ焼き器　鉄板

料理がはかどるアイテム

シェラカップ
（ZANE ARTS／ステンレスシェラカップ）

持ち手がついた金属製カップ。じか火にかけられる素材なら調理にも使えます。

ケトル
（GSI／グレイシャーステンレスティー ケトル 1.1L）

ホットドリンクやカップラーメンを作るときなど、あれば何かと役立ちます。

まな板
（Wood rings／カッティングボード）

木製のカッティングボードだと、器がわりに使ってもおしゃれな雰囲気に。

包丁
（FEDECA／折畳式料理ナイフ 名栗）

折りたためる「フォールディングナイフ」は安全に持ち運びができるのでおすすめ。

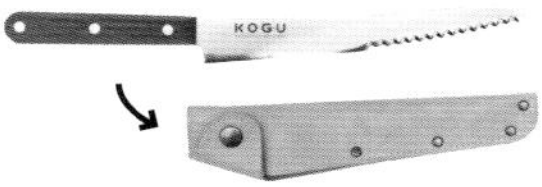

パン切り包丁
（KOGU／ホットサンドナイフ）

ホットサンドをよく作るので、専用のナイフも持参。姉妹品のナイフカバーも使っています。

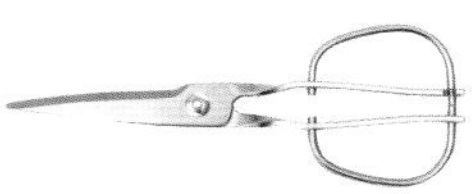

キッチンばさみ
（鳥部製作所／キッチンスパッター KS-203）

切れ味のよいはさみなら、肉や魚もラクにカットできて下処理がスムーズに。

あると便利なグッズ

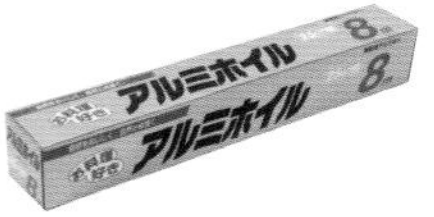

アルミホイル

ホイル焼きの必需品。フライパンなどにかぶせてふたがわりに使うこともできます。

グローブ
（DVERG／DVERG×GRIP SWANY G-1 レギュラータイプ コヨーテ）

火を使うときは、やけどやけが防止のためにアウトドア用グローブを装着しましょう。

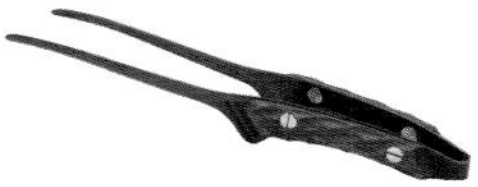

トング
（FEDECA／CLEVER TONG 名栗）

調理や盛りつけに活躍するトング。火元から手を離すために、長めのものを。

クーラーボックス
（AO Coolers／24パック キャンバス ソフトクーラー サンドトープ）

食材や飲み物を冷やすために必須。人数や日数に合わせてサイズ選びを。

ウォータージャグ
（colapz／2-in-1 Water Carrier & Bucket タン）

あると便利なウォータージャグ。我が家はコンパクトにたためるソフトタイプを愛用。

ツールバッグ
（buzzhouse design.／ツールBOX型イタリアンレザーバッグ）

小物や道具の多いキャンプ。すっきり収納できて置いても絵になるバッグが◎。

終わりよければすべてよし 洗い物もらくちんに

**洗い場がキャンプサイトから遠かったり、お湯が出なかったり…
何かとおっくうになりがちなのが、洗い物。
負担を減らすために私が工夫しているポイントをお教えします。**

洗い物の量を減らす

ボウルを使わず、ファスナーつき保存袋に材料を入れてまぜたり、調理道具を器がわりに使ったり。洗い物自体を減らすことで負担が軽くなります。マルチグリドルパンのように汚れがこびりつきにくい調理道具を使うのも手です。

食器用洗剤を上手に使う

私は環境への負荷の少ない洗剤「フロッシュ」（上）と「エコキッチンクリーナー」（下）を使っています。エコキッチンクリーナーは洗浄力が強く、軽い汚れならこれを吹きかけてキッチンペーパーで拭きとるだけでもOK。

焚き火の汚れは「味」

焚き火で料理をするとどうしても調理道具にすすがつきます（写真左が新品、右が使用済み）。私はそれもかっこいいと思うので、無理に落とさずふつうに洗うだけ。ただ、スポンジは真っ黒になるので食器用とは使い分けています。

持ち帰る、という選択肢も

野性味あふれるキャンプ場だと「洗い場がない」なんてことも。そういった場合やデイキャンプのときは、汚れた調理道具や食器をバケツや保存袋に入れて持ち帰っています。お湯が出るおうちで洗うほうが効率的です！

もくじ

プロローグ バズりめし TOP 10

PART 1 どどんと本日のメイン! 主役級キャンプめし

【ワイルド感満載! 焼きスペシャル】

PART 2 青空の下で乾杯! お酒が進みまくる外つまみ

【つまみ】

PART 3 満腹&満足 ホットサンドとごはんもの（ときどきめん）

◎この本のレシピについて

- 小さじ１は５mℓ、大さじ１は15mℓ、１カップは200mℓ、米の１合は180mℓです。
- 本書のレシピは、焚き火、バーナー、固形燃料を使って調理しています。使う道具や環境、天候などによって加熱時間は変わってくるので、本書の記載時間は目安として、味見するなど様子を見つつ調理しましょう。
- 中火、弱火など火力の細かい調整が必要なレシピはバーナーやカセットコンロの調理がおすすめです。
- パセリはフレッシュのみじん切りまたはドライパセリを使用しています。
- こしょうは本書ではあらびき黒こしょうを使っています。好みのものを使ってください。

プロローグ

バズりめし TOP10

インスタグラムやTik Tokで日々、
キャンプで作ったごはんを公開していますが、
「おいしそう！」「作ってみました」などと
反響をいただくのが私の原動力。
もっとおいしいごはんを作ろう、とやる気がむくむくわいてきます。
ここでは100万回以上再生された
“バズりめし”をセレクトしてみました。
映えごはん、超シンプルつまみ、しみじみうまい系…
多種多様なラインナップですが、
気になるメニューがあれば、ぜひ作ってみてくださいね。

●材料（1～2人分）

鶏もも肉…1枚
塩、こしょう、油…各適量
A **しょうゆ、酒、みりん、砂糖**
…各大さじ1

【タルタルソース】
ゆで卵…2個
マヨネーズ…大さじ2
砂糖…小さじ1
パセリ、塩、こしょう…各適量

●作り方

1 鶏肉の表面にナイフを数か所刺して穴をあけ、塩、こしょうを振る。
2 フライパンに油を熱し、鶏肉の皮を下にして入れる。焼き色がついたら裏返し、アルミホイルでふたをして蒸し焼きにする。
3 ファスナーつき保存袋にタルタルソースの材料を入れ、袋の外側からゆで卵をつぶすようにもんでまぜる。
4 鶏肉に火が通ったら、Aをまぜあわせて回しかけ、全体に絡める。食べやすい大きさに切り、3をかける。

保存袋で
自家製
タルタル！

袋の角をナイフかはさみでカット。チューッと出せて洗い物なし！

ソースは袋でモミモミ

1 鶏の照り焼きタルタル

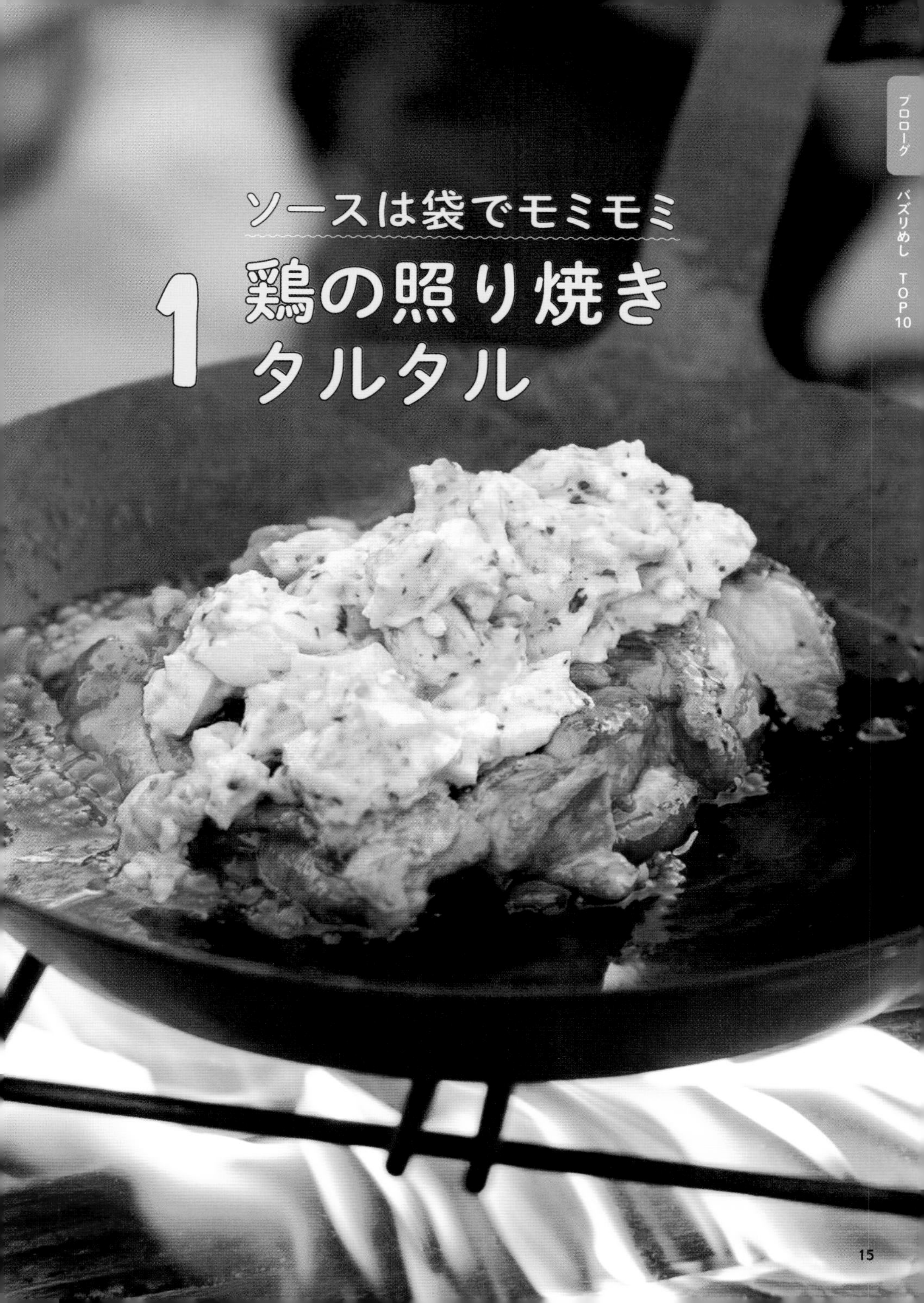

●材料（2個分）

牛薄切り肉…100g
ごま油、焼肉のたれ、ごはん、
レタス、いり白ごま…各適量
焼きのり…2枚

●作り方

1 ホットサンドメーカー（分離タイプ）の片面にごま油を熱し、牛肉をいためる。色が変わったら焼肉のたれで味をつけてとり出す。

2 キッチンペーパーでホットサンドメーカーの汚れを拭きとり、ごはんの半量を薄く広げる。一口大にちぎったレタス、1をのせ、ごまを振り、残りのごはんを薄く重ねる。

3 両面に焦げ目がつくまで焼き、半分に切ってのりではさむ。

新時代のホットサンド！

2 焼肉ライスバーガー

材料（1～2人分）

食パン…2枚

- A
  - **ゆで卵**…2個
  - **マヨネーズ**…大さじ2
  - **砂糖**…小さじ1
  - **パセリ、塩、こしょう**…各適量

作り方

1. ファスナーつき保存袋にAを入れ、袋の外側からゆで卵をつぶすようにもんでまぜる。
2. 食パン1枚に1を広げ、ホットサンドメーカーにのせて、もう1枚の食パンではさむ。
3. 両面に焼き色がつくまで焼き、半分に切る。

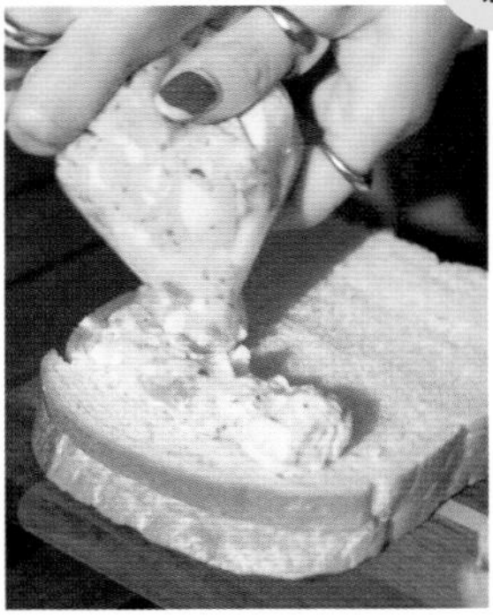

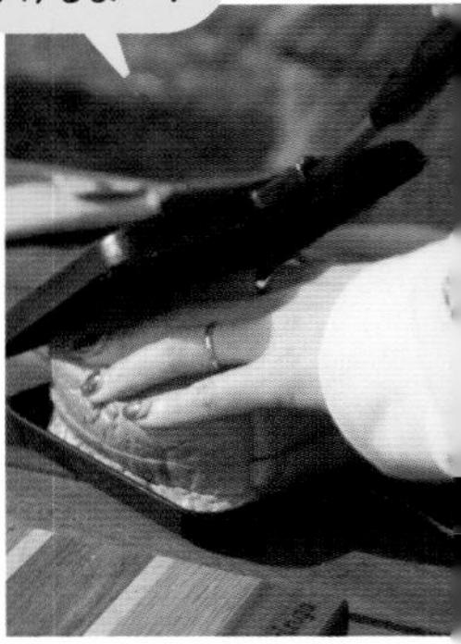

3 ホットな卵サラダサンド

材料（1合分）

米（洗って水けをきる）…1合
水…180mℓ
A しょうゆ、酒…各大さじ1
しょうがのせん切り、大葉のせん切り…各適量
ししゃも…2～3尾

作り方

1. メスティンに米、水を入れ、30分ほど浸水させる。
2. Aとしょうがを入れて軽くまぜ、ししゃもをのせてふたをして炊く（じか火なら弱火で15～20分、固形燃料なら燃え尽きるまで。p.82参照）。
3. 布袋に入れるかタオルで包んで10分蒸らし、大葉をのせる。

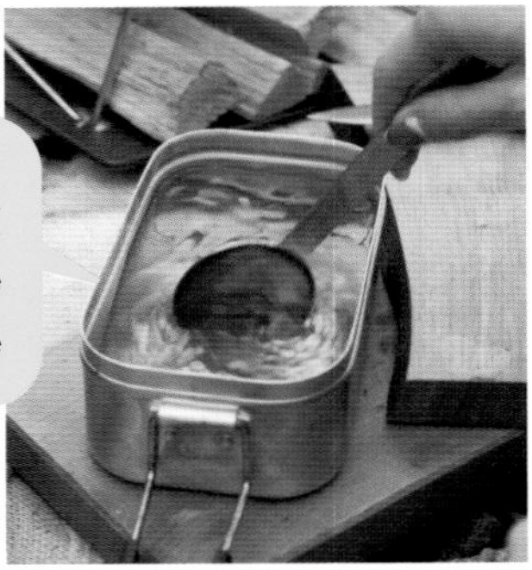

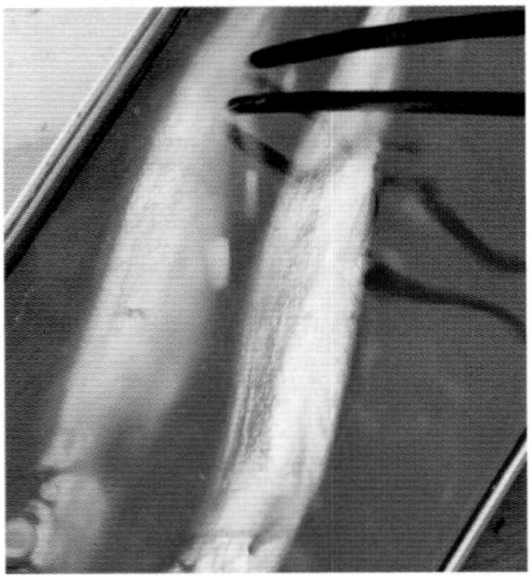

しょうがと大葉がアクセント

4 ししゃもの炊き込みごはん

● 材料（1人分）

しいたけ…2個
バター…2かけ
しょうゆ…適量

● 作り方

1. しいたけは石づきを切り落とし、熱した鉄板にかさを下にして並べ、バターを1かけずつのせる。
2. アルミホイルをかぶせて蒸し焼きにし、しいたけがしんなりしたらしょうゆを回しかける。

ジューシー！

5 肉厚しいたけのバターじょうゆ

● 材料（２個分）

たわら型にしたおにぎり…２個
豚バラ薄切り肉…４枚
大葉…２枚
油、焼肉のたれ、いり白ごま、
万能ねぎの小口切り…各適量

● 作り方

1. おにぎりに大葉を巻きつけ、豚肉を縦横、両方に巻く。
2. 鉄板に油を熱し、肉の巻き終わりを下にして並べ、コロコロ転がしながら全体に焼き色をつける。
3. 火が通ったら焼肉のたれをかけ全体に絡め、ごまと万能ねぎを散らす。

6 罪深いおいしさ 肉巻きおにぎり

材料（１人分）

みそラーメン（インスタント）…１袋
麻婆豆腐の素（市販）…１回分
豚ひき肉（または合いびき肉）…100g
油、万能ねぎの小口切り…各適量
卵黄…１個分
水…600～700mℓ
（味が濃いめなので水の量で調整してね）

作り方

1. クッカーに油を熱し、ひき肉を色が変わるまでいため、袋めんに付属の調味料を入れてまぜる。
2. クッカーまたは鍋に水を入れて沸かし、めんを袋の表示時間より１分短くゆでる。
3. 火を止め、麻婆豆腐の素を入れて軽くまぜる。付属のとろみ粉を少量の水（分量外）でといて加えてまぜ、再び火にかける。
4. とろみがついたら1、卵黄をのせ、万能ねぎを散らす。

7 即席でカンタン！ 麻婆麺

● 材料（1人分）

玉ねぎ…1個
バター…1かけ
かつお節、しょうゆ…各適量

● 作り方

1. 玉ねぎは皮つきのまま、半分くらいの高さまで十字に切り込みを入れる。
2. 2～3枚重ねたアルミホイルで玉ねぎを包み、焚き火の中に入れて20～30分焼く。
3. 玉ねぎがやわらかくなったら皮をむき、バターをのせてかつお節、しょうゆをかける。

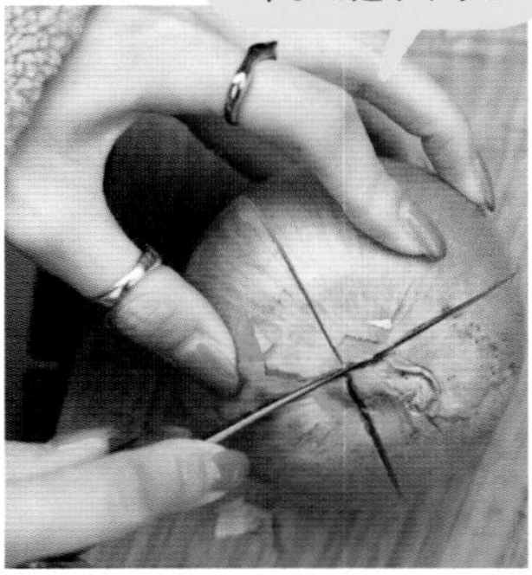

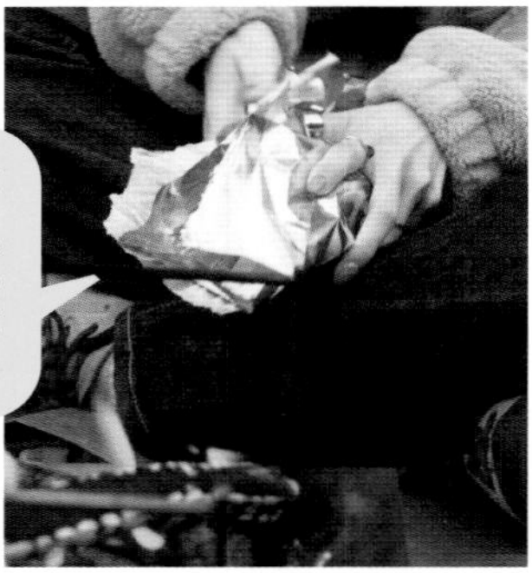

甘み溢れる

8 丸ごと玉ねぎのホイル焼き

● 材料（1～2人分）

食パン…2枚
板チョコレート…1/2枚
ルマンド…3本

● 作り方

1. 食パン1枚に板チョコレートをのせ、ルマンドを並べる。ホットサンドメーカーに入れてもう1枚のパンではさむ。
2. 両面に焼き色がつくまで焼き、半分に切る。

市販のおかしで新発見

9 ルマンド ホットサンド

材料（1合分）

米（洗って水けをきる）…1合
水…180㎖
A しょうゆ、酒…各大さじ1
なめたけ（びん詰め）…1/2びん
鶏こま切れ肉…100g
ねぎの小口切り…適量

作り方

1. メスティンに米、水を入れ、30分ほど浸水させる。
2. Aとなめたけ、鶏肉を入れて軽くまぜ、ふたをして炊く（じか火なら弱火で15〜20分、固形燃料なら燃え尽きるまで。p.82参照）。
3. 布袋に入れるかタオルに包んで10分蒸らし、ねぎを散らす。

みんな大好きほっこり味♡

10 なめたけと鶏の炊き込みごはん

PART 1

どどんと本日のメイン！

主役級キャンプめし

豪快にかたまり肉を焼いたり、いつもよりも
ゴージャスに盛りつけてみたり。
大自然の中にいると、ちょっと特別なごはんを作ってみたくなるもの。
ここではそんなキャンプの「主役」になる一品を揃えました。
間違いなしの人気メニューから、ちょっと変化球的なアイデアまで、
さーやんのイチオシをご紹介しています。
つけ合わせにもおすすめの焼きものバリエも必見です。

● 材料（1人分）

ラムチョップ…3本
塩、こしょう…各適量
A ┌ **にんにくの薄切り**…1かけ分
　│ **オリーブ油**…大さじ3
　└ **ローズマリー**…適量

● 作り方

1 ラムチョップに塩、こしょうを振る。
2 ファスナーつき保存袋にA、1を入れ、クーラーボックスに30分以上おく。
3 ラムチョップを常温に戻し、熱した鉄板に並べる。焼き色がついたら裏返し、同様に焼き色がつくまで焼く。

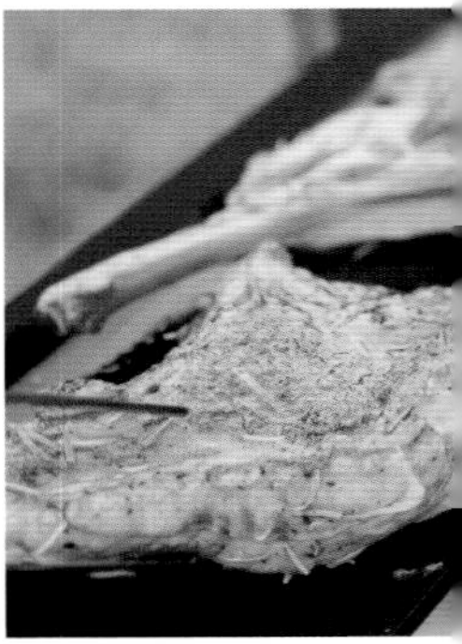

骨肉をワイルドに頬張る ラムチョップ

● 材料（1合分）

牛かたまり肉（ローストビーフ用）…1かたまり
塩、こしょう、油、万能ねぎの小口切り…各適量
玉ねぎのみじん切り…1/2個分
A ［**酒、みりん、しょうゆ**…各大さじ2
　 ［**砂糖**…小さじ1
あたたかいごはん…1合分
温泉卵…1個

● 作り方

1 牛肉は常温に戻し、塩、こしょうを全面にすり込む。
2 フライパンに油を熱して牛肉を入れ、2分ほど焼いて焼き色がついたら返し、各面を同様に焼く。
3 アルミホイルで2を包み、1時間ほどおく。
4 フライパンに油を熱し、玉ねぎをいためる。しんなりしたらAを入れてまぜ、ソースを作る。
5 3を薄く切って器に山型に盛ったごはんにのせる。4をかけて温泉卵をのせ、万能ねぎを散らす。

かたまり肉で豪華

ローストビーフ丼

● 材料（1人分）

鶏もも肉…1枚
バター…1かけ
塩、こしょう、トマトのくし形切り、
アスパラガス、レモンの輪切り…各適量
A ┌ **バター**…1かけ
　 └ **レモン汁、しょうゆ、みりん**…各大さじ1

● 作り方

1. 鶏肉の表面にナイフを数か所刺して穴をあけ、塩、こしょうを振る。
2. フライパンにバターを熱し、鶏肉の皮を下にして入れる。焼き色がついたら裏返し、アルミホイルをかぶせて蒸し焼きにする。
3. 鶏肉を端に寄せ、空いた場所にAを入れてまぜあわせ、レモンソースを作る。ソースを鶏肉にかけながらひと煮立ちさせる。
4. トマトとアスパラガスもいっしょに焼いて、レモンをのせる。

酸味が食欲をそそる

レモンバターチキン

● 材料（1人分）

牛肉（ステーキ用）…1枚
塩、こしょう、ホールコーン（缶詰）、
アスパラガス…各適量
オリーブ油…大さじ1
にんにくの薄切り…1かけ分
A
しょうゆ、酒、みりん…各大さじ1
おろしにんにく
…1かけ分（またはチューブ5㎝分）

● 作り方

1 牛肉は常温に戻し塩、こしょうを両面に振る。
2 Aをまぜあわせ、ガーリックソースを作る。
3 フライパンにオリーブ油とにんにくを入れて熱し、きつね色になったらとり出す。
4 3のフライパンに1を入れ、軽く焼き色がつくまで両面をさっと焼く。フライパンの空いた場所でコーンとアスパラガスをいためる。
5 牛肉を食べやすい大きさに切り、2を回しかけてひと煮立ちさせ、3のにんにくをのせてこしょうを振る。

にんにくマシマシ！
Wガーリックステーキ

● **材料（1枚分）**

ニラ…1束
キムチ…200g
A
- **小麦粉**…130g
- **水**…150mℓ
- **鶏ガラスープの素**…小さじ1

ごま油…大さじ1
ピザ用チーズ…100g
かたくり粉…小さじ1弱
牛乳…50mℓ

● **作り方**

1. ファスナーつき保存袋にAを入れ、袋をもんでまぜる。4～5cm長さに切ったニラとキムチを加え、さらにもんでまぜる。
2. マルチグリドルパンにごま油を熱し、生地を流し入れ広げる。焼き色がついたら裏返し、同様に焼く。
3. チヂミを一口大に切り、グリドルのまわりに並べ、まん中を空ける。
4. チーズとかたくり粉をまぜる。
5. グリドルの真ん中に牛乳を入れてあたため、4を加えてまぜる（平らなフライパンで作るときはシェラカップなどにチーズをあたためて）。

フォンデュみたいな

キムチーズチヂミ

● 材料（1人分）

たら、たいなどの白身魚（切り身）…1切れ
えび（無頭）…7尾
ブロッコリー…5房
ミニトマト…4個
にんにくのみじん切り…1かけ分
オリーブ油…大さじ1
水…100㎖
酒…大さじ2
塩、こしょう、
レモンのいちょう切り…各適量

● 作り方

1 ブロッコリーは食べやすい大きさに、ミニトマトは半分に切る。
2 メスティンにオリーブ油とにんにくを弱火で熱し、香りが立ったら白身魚の皮を下にして焼き、色が変わったら裏返し同様に焼く。
3 えび、ブロッコリー、ミニトマトを入れ、水、酒を加える。塩、こしょうで味をととのえ、ふたをして弱〜中火で5分ほど煮る。レモンをのせる。

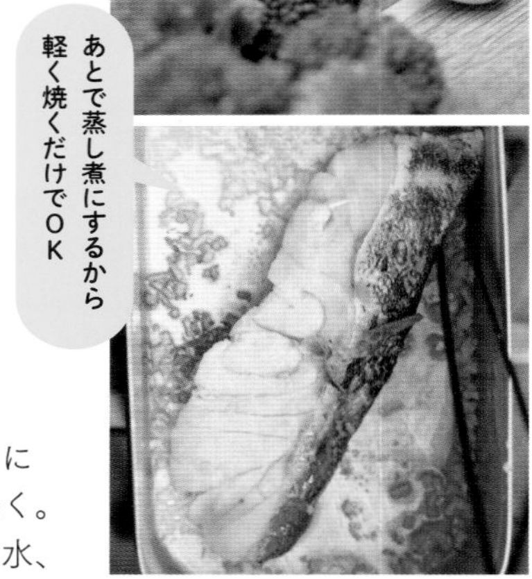

カンタン時短で豪華見え

白身魚とえびのカラフルアクアパッツァ

●材料（１合分）

鶏ひき肉…200g
卵…１個
油、紅しょうが、万能ねぎの小口切り…各適量
あたたかいごはん…１合分
A ┌ **砂糖**…大さじ２
　│ **しょうゆ**…大さじ２～３
　└ **みりん、酒**…各大さじ１

●作り方

1. 卵は卵黄と卵白に分けておく。
2. クッカーに油を熱し、鶏ひき肉をいためる。色が変わったら卵白をときほぐして加え、まぜあわせる。
3. 卵白が固まったらAを加えてまぜる。軽くひと煮立ちしたら紅しょうがを入れ、さっといためる。
4. ごはんに3をかけ、真ん中に卵黄をのせて万能ねぎを散らす。

ふわふわ卵で
ボリュームアップ

紅しょうがの
親子そぼろ丼

発酵パワーでふっくら

鶏の塩麹焼き

材料（1人分）

鶏もも肉（一口大に切る）…150g
ねぎ…1/2本
塩麹…大さじ1
油…適量

作り方

1. ファスナーつき保存袋に鶏肉と塩麹を入れて袋の外側からもみ、30分以上おく。
2. ホットサンドメーカーに油を熱し、1を入れて軽く焼き色がつくまで両面を焼く。
3. 斜め切りにしたねぎをのせてふたをし、鶏肉に火を通す。

漬け込んで
持って行っても♪

ホットサンド
メーカーでなければ
ホイルをかぶせると◎

● 材料（２本分）

こんにゃく…１枚
豚薄切り肉、油、焼肉のたれ…適量

● 作り方

1. こんにゃくは食べやすい大きさの棒状に切る。
2. 豚肉を広げ、こんにゃく１切れを手前にのせて巻き、串に刺す。残りも同様にする。
3. 鉄板に油を熱し、肉の巻き終わりを下にして並べる。焼き色がついたら返し、各面を同様に焼き、焼肉のたれを回しかけて絡める。

ボリュームを
出したいときは
豚肉を数枚重ねても◎

薄切り肉とは思えない
肉巻きこんにゃくステーキ

皮ごと放る

焼きとうもろこし

● 材料（1本分）

とうもろこし（皮つき）…1本
（好みで）塩、しょうゆなど…各適宜

● 作り方

1. 焚き火の中にとうもろこしを皮つきのまま入れ、ときどき転がしながら外側の皮が焦げるまで焼く。
2. 皮をむいたらできあがり。好みで塩やしょうゆなどをつける。

ただ焼いただけなのにおいしすぎ

エリンギバターじょうゆ

● 材料（1人分）

エリンギ…2本
油、バター、しょうゆ…各適量

● 作り方

1. エリンギは切り込みを入れて手で裂く。
2. 鉄板に油を熱し、エリンギを並べる。焼き色がついたら裏返して同様に焼く。バターをのせ、しょうゆをかける。

あま〜い香りがただよう♡

焼きりんご

●**材料（1人分）**

りんご…1個

A
- **砂糖**…大さじ1
- **シナモン（粉末）**…適量
- **バター**…1かけ

●**作り方**

1 りんごはよく洗い、芯の部分をスプーンやナイフでくり抜く。りんごの周囲にナイフを数か所刺して穴をあける。

2 くり抜いた部分にAを入れ、4〜5枚重ねたアルミホイルで包み、焚き火の中に入れて10〜15分焼く。外側がやわらかくなったらできあがり。固ければ様子を見ながら追加で焼く。

とろける

焼きなす

●**材料（1人分）**

なす…1個

油、焼肉のたれ…各適量

●**作り方**

1 なすは縦半分に切り、身に格子状に深く切り込みを入れる。

2 鉄板に油を熱し、なすの身を下にして入れる。焼き色がついたら裏返して同様に焼き、焼肉のたれを回しかける。

PART 2

青空の下で乾杯！
お酒が進みまくる外つまみ

大自然に囲まれながら、冷たいビールをぐびっ！ は至福の時間。
屋外で飲むお酒は、いつもよりおいしく感じられるから不思議です。
この章では、速攻できるカンタンつまみから、居酒屋風メニューまで、
キャンプのお酒がさらにおいしくなる、絶品つまみをご用意しました。
また、グループキャンプなどで作るとよろこばれる
映えておいしい「ふるまい系」メニューもご提案しています。

しょうがじょうゆで

黒はんぺん焼き

●材料（1人分）

黒はんぺん…4枚
油、しょうゆ、おろししょうが…各適量

●作り方

1 鉄板に油を熱し、黒はんぺんを並べて焼き色がつくまで両面をさっと焼く。
2 しょうゆをかけてしょうがをのせる。

静岡名物・黒はんぺん。
なかったら
ふつうのはんぺんでも
OKです

●**材料（1人分）**

甘塩鮭（切り身）…1切れ
カット野菜（市販／いため用）、しめじ…各適量
塩、こしょう…各少々
バター…1かけ

●**作り方**

1 アルミホイルにカット野菜、鮭、石づきを切り落としたしめじをのせて塩、こしょうを振り、バターをのせて包む。

2 メスティンに網を入れ、網の高さの少し下まで水を注ぐ。1を入れてふたをし、鮭に火が通るまで蒸し焼きにする。

メスティン専用の網は100均でも売ってます♪

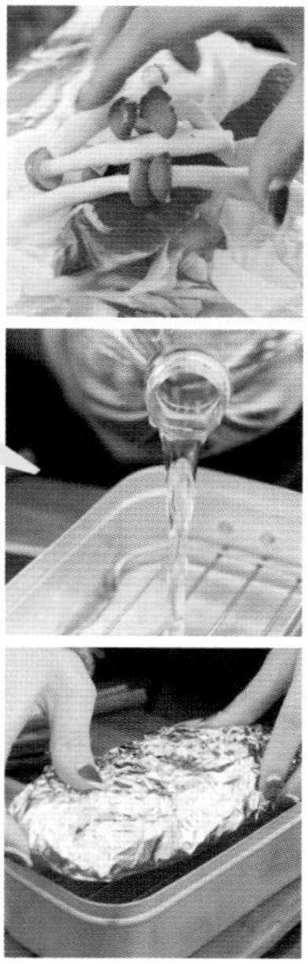

メスティン蒸しで ふっくら鮭のホイル焼き

● 材料（1人分）

餃子の皮（市販／大判）…6枚
ウインナソーセージ…6本
大葉…6枚
スライスチーズ（食べやすい大きさに切る）、
ごま油…各適量
水…適量

● 作り方

1 餃子の皮に大葉1枚、スライスチーズ1切れ、ウインナ1本を順にのせ、手前から巻いて巻き終わりに水をつけてくっつける。同様に巻き、計6本作る。

2 ホットサンドメーカーにごま油を熱し、1を並べる。水適量を入れてふたをし（鉄板などで作るときはホイルで）、蒸し焼きにする。

3 水が蒸発して焼き色がついたら裏返し、反対も焼き色がつくまで焼く。

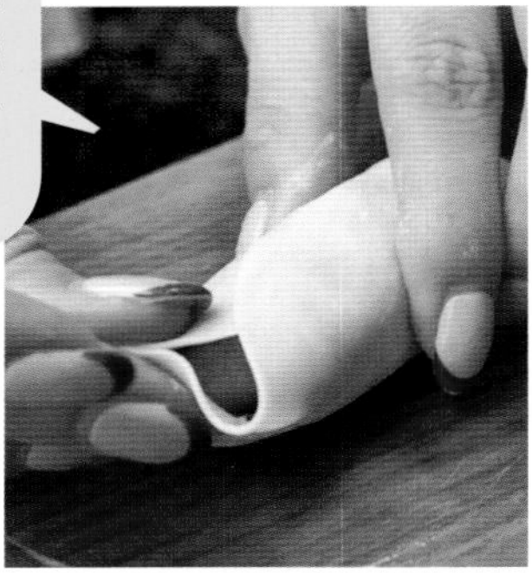

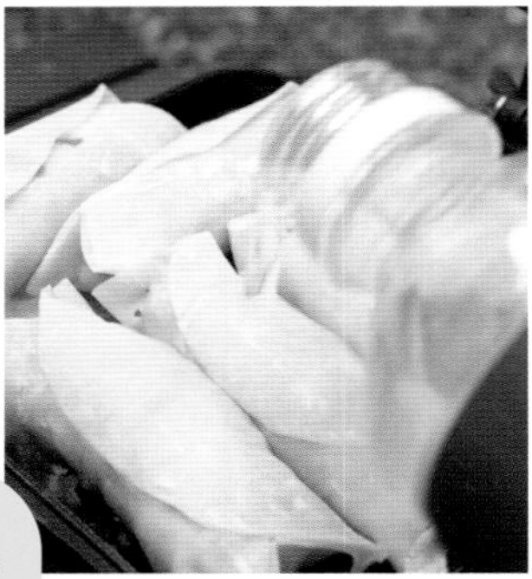

ホットサンドメーカーで全面こんがり ウインナ餃子

● **材料（1人分）**

豆腐…1パック（150〜300g）
牛薄切り肉、えのきだけ、ねぎ…各適量
すき焼きのたれ（市販／2倍濃縮）…50mℓ
水…100mℓ

● **作り方**

1. 牛肉、豆腐は食べやすい大きさに切る。えのきは石づきを除いてほぐす。ねぎは斜め切りにする。
2. メスティンにすき焼きのたれと水を入れて火にかけ、煮立ったら牛肉を入れる。
3. 牛肉に火が通ったら豆腐とえのきだけを入れ、ふたをして煮込む。
4. 豆腐やえのきだけが色づいたらねぎを入れ、再度ふたをして煮込む。ねぎがしんなりとしたらできあがり。

大自然でハフハフ
肉豆腐

野菜のおつまみ

ふりふり
コーンバター

●材料（1人分）

ホールコーン（缶詰）…1缶
しょうゆ…適量
バター…1かけ

●作り方

1 ホットサンドメーカーにコーンを入れ、バターをのせてふたをし、振りながら火にかける。
2 バターが全体に絡んだらしょうゆをかけ、再度ふたをして振る。しょうゆが全体に回ったらできあがり。

ホックホク！ ジュワァ〜
じゃがバター

●材料（1人分）

じゃがいも…1〜2個
水…適量
バター…1かけ
塩…少々

●作り方

1 じゃがいもはよく洗って芽を取り、皮つきのまま一口大に切る。
2 メスティンに網を入れ、網の高さの少し下まで水を注ぐ。1を入れてふたをし、蒸し焼きにする。
3 じゃがいもに火が通ったらバターをのせて塩を振る。

ごま油香る
焼き枝豆

●材料（作りやすい分量）

枝豆、塩、ごま油…各適量

●作り方

1 枝豆は枝を切り落とす。
2 塩をまぶしてもみ込み、10分ほどおく。
3 鉄板にごま油を熱し、2を広げて全体に焼き色がつくまで上下を返しながら焼く。中まで火が通ったらできあがり。ふたがあれば蒸し焼きにすると早く火が通る。

味は本格イタリアン
焼きトマトチーズ

●材料（1人分）

ミニトマト…10個
マヨネーズ…大さじ1/2
バジルソース（市販）…大さじ1
ピザ用チーズ、パセリ…各適量

●作り方

1 ミニトマトは半分に切る。
2 ホットサンドメーカーにマヨネーズを熱し、ミニトマトをいためる。マヨネーズがまんべんなく絡んだら、バジルソースをかけてまぜる。
3 チーズをのせてふたをし、チーズがとけるまで蒸し焼きにしてパセリを振る。

既製品に＋α

新感覚そばめし

炊き込みカップヌードルカレー

●**材料（1合分）**

カレー味のカップめん
（写真は「カップヌードル　カレー」）…1個
米（洗って水けをきる）…1合
水…250mℓ
万能ねぎの小口切り…適量

●**作り方**

1. メスティンに米、水を入れ、30分ほど浸水させる。
2. ファスナーつき保存袋にめんを入れ、棒などで叩いて砕く。
3. 1に2を入れて軽くまぜ、炊く（ごはんの炊き方はp.82参照）。
4. 炊きあがったら万能ねぎを散らす。

コレはハマる！

焼きバームクーヘンチーズ

●**材料（1個分）**

バームクーヘン（市販／小）…1個
ピザ用チーズ…適量

●**作り方**

1. ホットサンドメーカーにバームクーヘンをのせ、穴の部分にピザ用チーズを入れる。
2. ふたをしてチーズがとけるまで両面を軽く焼く。食べやすい大きさに切り、チーズをつけて食べる。

ごちそうに変身

トマト煮込みロールキャベツ

●**材料（1人分）**

ロールキャベツ（冷凍）…3個
トマト…1個
顆粒コンソメ…1袋
水…適量
塩、こしょう…各適量

●**作り方**

1. トマトは食べやすい大きさに切る。
2. メスティンにロールキャベツを並べ入れ、トマト、コンソメを加え、ひたひたになる程度の水を注ぐ。
3. ふたをして火にかけ、10〜15分煮込む。塩、こしょうで味をととのえる。

甘じょっぱ系好き必見

チーズonチーズ蒸しケーキ

●**材料（1人分）**

チーズ蒸しケーキ（市販）…1個
ピザ用チーズ…50g
かたくり粉…小さじ1/2
牛乳…30mℓ

●**作り方**

1. チーズ蒸しケーキの表面に6等分の切り込みを入れる。
2. チーズとかたくり粉をまぜる。
3. フライパンに牛乳を入れて熱し、ふつふつとしたら2を加えてまぜる。とけたら1にかけてできあがり。

● 材料（作りやすい分量）

冷凍パイシート…１～２枚

A ウインナソーセージ（一口大に切る）、トマトケチャップ、ピザ用チーズ…各適量

B ホールコーン（缶詰）、マヨネーズ、パセリ…各適量

C ミートボール（市販）…適量

D 板チョコレート（小さく割る）、バナナの薄切り…各適量

E りんご（一口大に切る）、砂糖、シナモン（粉末）…各適量

● 作り方

1. 冷凍パイシートは解凍し、たこ焼き器の穴の大きさに合わせて切る。めん棒などで穴に敷き込む。
2. お好みでA～Eの具材を入れて加熱する。パイシートに焼き色がついたらできあがり。

めん棒で穴に押し込むと簡単♪なければ手でのばしても

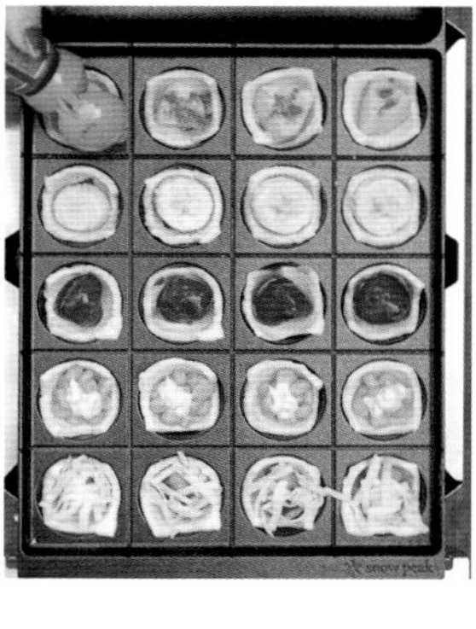

たこ焼き器で！

いろいろ ひとくちパイ

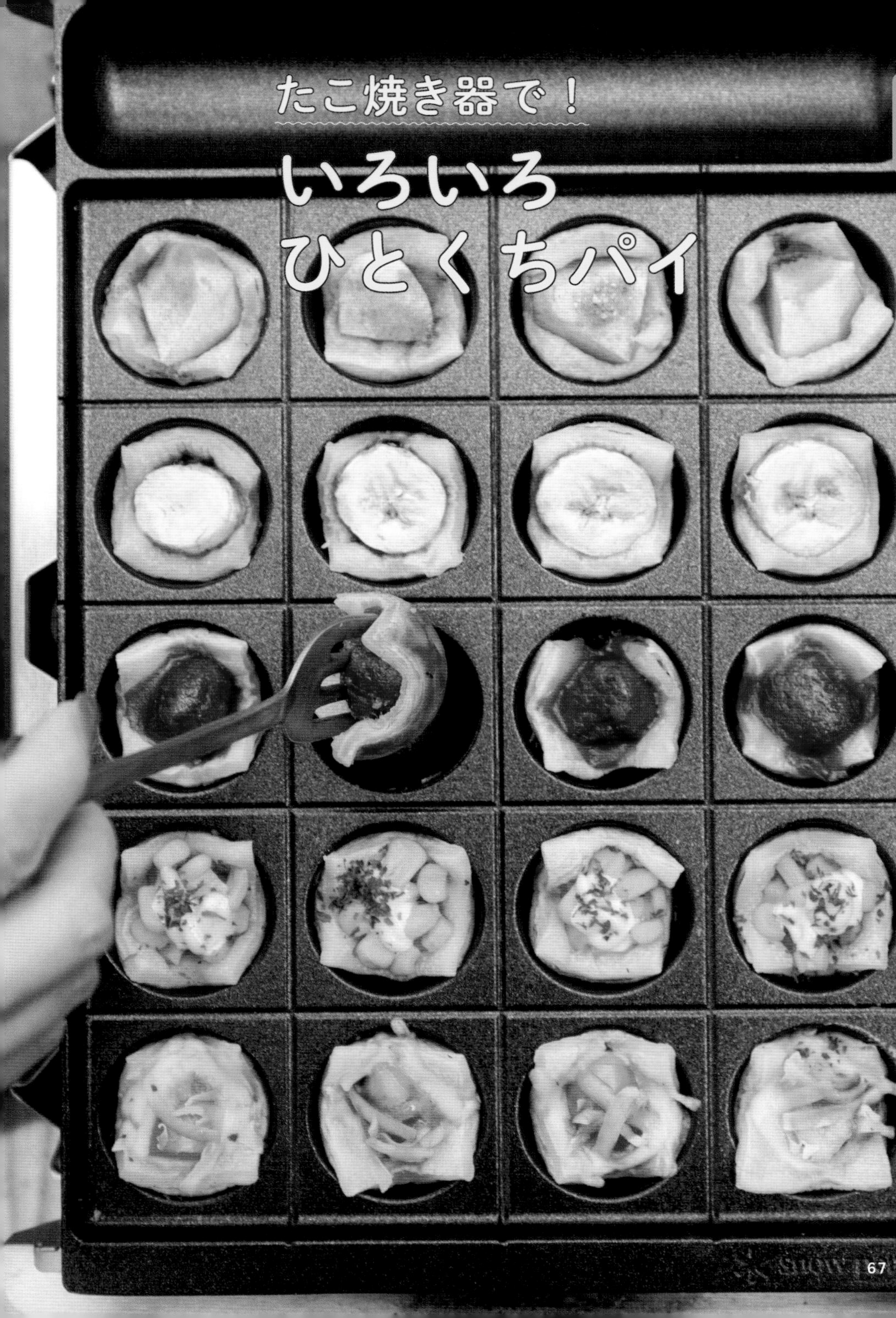

●材料（4人分）

牛薄切り肉…400g
レタス、油、焼肉のたれ、
　フラワートルティーヤ（市販）、
　マヨネーズ…各適量
アボカド、トマト、ピーマン…各1個
玉ねぎ…1/2個
A **トマトケチャップ**…大さじ5
　 はちみつ、レモン汁…各大さじ1

●作り方

1. レタスはせん切りにする。アボカドは1～2cm角に切る。
2. 玉ねぎとピーマンはみじん切りにする。トマトは1cm角に切る。ボウルに入れてAを加えてまぜ、サルサソースを作る。
3. フライパンに油を熱し、食べやすく切った牛肉をいためる。色が変わったら焼肉のたれで味をつける。
4. トルティーヤにマヨネーズをかけ、レタス、3、アボカド、2を順にのせて包む。

子どもから大人まで大好評！
辛くない牛タコス

チーズに弾力が出て
びよーんと伸びるまで
まぜます

● 材料（2～4人分）

豚バラ薄切り肉…300～350g
万能ねぎ…3束
キムチ…1パック（400g）
ピザ用チーズ…100g
かたくり粉…小さじ1弱
牛乳…50mℓ
A
みそ、コチュジャン…各大さじ1
はちみつ、ごま油、にんにくチューブ
…各小さじ1

● 作り方

1 Aをまぜあわせてたれを作る。
2 豚肉は半分の長さに、万能ねぎは5～6cm長さに切る。豚肉を広げ、万能ねぎを均等にのせて巻く。
3 マルチグリドルパンに、豚肉の巻き終わりを下にして並べ、転がしながら全体に焼き色をつける。焼けたらグリドルのまわりに並べる。
4 チーズにかたくり粉をまぜておく。
5 シェラカップなどに牛乳を入れてあたため、ふつふつとしてきたら4を加え、チーズがとけるまでよくまぜる。
6 グリドルの真ん中に5を置き、まわりにキムチを盛る。肉巻きの上に1をかける。肉巻きとキムチをチーズにつけて食べる。

豚肉から出た脂で
キムチをいためてもおいしいよ

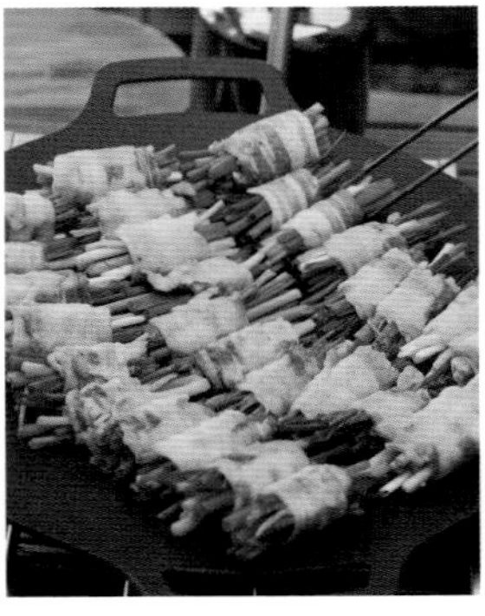

映えてうまい！

韓国風肉巻きチーズフォンデュ

●材料（作りやすい分量）

パプリカ、玉ねぎ、トマト、なす…各１個
ズッキーニ…１本
オリーブ油…大さじ１
にんにくのみじん切り…１かけ分
ローズマリー…１本
バゲットの薄切り…適量
A
トマトケチャップ…大さじ３
顆粒コンソメ…１袋
塩、こしょう…各適量

●作り方

1 パプリカ、玉ねぎ、トマトは１㎝角に切る。なす、ズッキーニは半月切りにする。
2 マルチグリドルパンにオリーブ油とにんにくを入れ、香りが立つまで熱し、1を加えていためる。
3 野菜が少ししんなりしたら、Aを入れてまぜる。ローズマリーをのせ、アルミホイルでふたをして、弱～中火で５分ほど蒸し煮にする。
4 火を止め、まわりにバゲットを並べる。

煮込みいらずがうれしい ワンパンラタトゥイユ

patagonia

PART 3

満腹&満足
ホットサンドとごはんもの（ときどきめん）

「はじめに」で書いたように、
私が最初に感動したのは飯ごう炊きのごはん！
初心者でも作りやすい自動炊飯で炊ける
ごはんメニューを紹介しているので、
ぜひ、私と同じ感動を味わってみてくださいね。
さらに、湯きりなしでキャンプでも手軽に作れるパスタメニューや、
アレンジ自在のホットサンドメニューなどもたっぷり掲載。
キャンプでのごはんはカロリーゼロ！ を合言葉に
どんどん楽しみましょう♡

● 材料（2人分）

あたたかいごはん…1合分
卵…2個
かに風味かまぼこ（裂く）…2～3本
ごま油…大さじ1
万能ねぎの小口切り…適量

A
しょうゆ、砂糖…各大さじ1
酢、かたくり粉…各大さじ1/2
鶏ガラスープの素…小さじ1
水…150mℓ

● 作り方

1. 小鍋にAを入れて熱し、とろみがつくまでまぜ、あんを作る。
2. 卵を割りほぐし、かにかまをまぜる。
3. マルチグリドルパンにごま油を熱し、2を流し入れてゆるくまぜ、半熟状態でとり出す。
4. グリドルにごはんをドーム型に盛り、3をのせて1をかけ、万能ねぎを散らす。

アツアツ トロトロ！ 天津飯

● **材料（1人分）**

ごはん…茶わん大盛り1杯分（200g）
ねぎ…1/3本
ウインナソーセージ…2本
卵…1個
マヨネーズ…大さじ1
しょうゆ…小さじ1
ごま油、「アウトドアスパイス ほりにし」、
　ねぎの小口切り…各適量

● **作り方**

1. ねぎはみじん切りに、ウインナは5㎜角に切る。
2. フライパンにごま油を熱し、といた卵を流し入れて素早くまぜる。半熟の状態で1を加えてまぜあわせ、マヨネーズとごはんを入れてさらにいためる。
3. しょうゆを鍋肌から回し入れ、全体をまぜる。ほりにしで味をととのえ、ねぎを散らす。

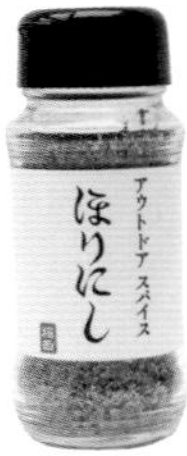

「アウトドアスパイス ほりにし」

和歌山のアウトドアショップ「Orange」が開発した調味料。20種類以上のスパイスや調味料がブレンドされており、肉、魚、野菜、ごはん…etc. どんな食材にもマッチします。

うまみ爆発
マヨチャーハン

材料（2人分）

焼きそばめん（市販）…1袋
キャベツ…3～4枚
豚こま切れ肉…150g
ごま油…大さじ1
水…50㎖
ごはん…1合分
中濃ソース…大さじ3
かつお節、青のり、紅しょうが…各適量

作り方

1. めんを1～2㎝長さに刻む。キャベツと豚肉は食べやすい大きさに切る。
2. マルチグリドルパンにごま油を熱し、めんをいため、水を加えてほぐす。
3. めんを端に寄せ、空いた場所に豚肉を入れていためる。色が変わったらキャベツを加え、めんとあえ、キャベツがしんなりするまでいためる。
4. ごはんを加えてまぜあわせる。焼きそば付属の粉末ソースと中濃ソースを加え、さらにいためる。
5. かつお節、青のりをかけ、紅しょうがをのせる。

ソースの香りが食欲をそそる そばめし

メスティン＋固形燃料で！

失敗知らず自動炊飯

きほんの炊飯方法（メスティン１個で１合分）

START
米…１合（180㎖）
水…200㎖

1 材料を入れる

洗った米、水を入れる（無洗米の場合は水は＋大さじ１強して）。炊き込みごはんのときはここで調味料をまぜ、具ものせる。

2 ふたをして炊く

固形燃料が１個燃え尽きたら炊きあがり！（じか火やバーナーなどの場合は弱火で15〜20分を目安に）。

3 蒸らす

メスティンに付属の巾着に入れるか、タオルに包んで、10分蒸らす。

ARRANGE

新感覚TKG

2で炊けたら、3で蒸らす前に1回ふたを開けて卵液（卵2個とめんつゆ2倍濃縮大さじ1をまぜる）を流し入れる。

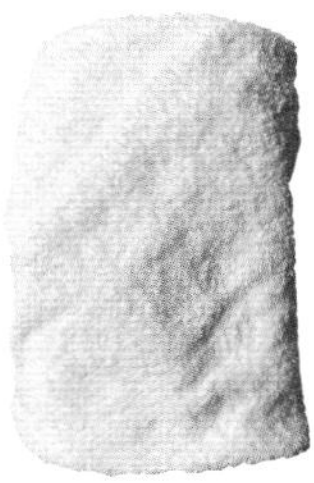

蒸らす

万能ねぎの小口切り、好みで「ほりにし」（p.78参照）をかける。

POINT

固形燃料を使うと失敗なし

固形燃料は100円ショップやネット通販で手軽に購入できる。火加減を調節したり時間を計らなくても失敗なく炊けちゃう優れモノ！固形燃料の台も100円ショップやネットで安価で手に入る。

メスティンに
材料入れるだけ！
えびピラフ

バターを入れると
一気に洋食屋さんの味に

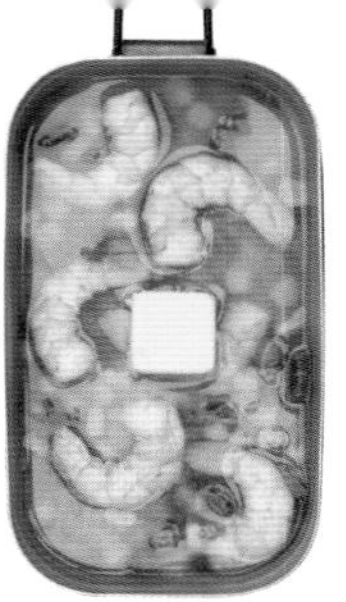

●材料（１合分）

米（洗って水けをきる）…１合
水…200㎖
ミックスベジタブル（冷凍）…40g
むきえび（冷凍）…好みの量
塩…小さじ1/2
顆粒コンソメ…１袋
バター…１かけ

●作り方

1. メスティンに米、水を入れ、30分ほど浸水させる。
2. ミックスベジタブル、むきえび、塩、コンソメを入れて軽くまぜ、バターをのせてふたをして炊き、10分蒸らす。

ふつうのしょうがを使うときは
辛みが強いので量を加減して

油揚げの
うまみがじんわり
新しょうがの炊き込みごはん

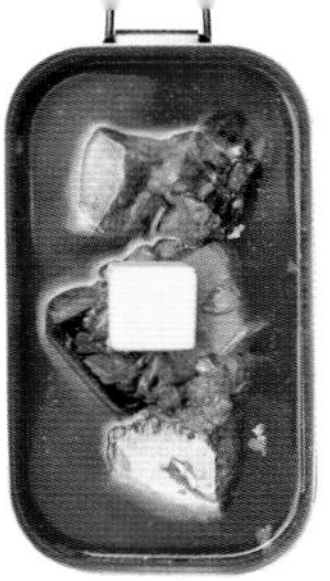

コクうま
サバみそバターごはん

●材料（1合分）

米（洗って水けをきる）…1合
水…180mℓ
サバみそ煮缶…1缶（190g）
バター…8g
大葉のせん切り…適量
A **酒、みりん、しょうゆ**
…各大さじ1

●作り方

1. メスティンに米、水を入れ、30分ほど浸水させる。
2. Aを入れて軽くまぜ、サバを缶汁をきって入れ、バターをのせてふたをして炊く。
3. 炊きあがったら10分蒸らし、大葉をのせる。

缶詰ならキャンプでも
気軽に魚を食べられます♪

●材料（1合分）

米（洗って水けをきる）…1合
新しょうが…30g
油揚げ…1枚
水…180mℓ
万能ねぎの小口切り…適量
A **和風顆粒だし**…小さじ1
酒、しょうゆ…各大さじ1

●作り方

1. 新しょうがはせん切りにする。油揚げは1㎝角に切る。
2. メスティンに米、水を入れ、30分ほど浸水させる。
3. Aを入れて軽くまぜ、1をのせてふたをして炊く。
4. 炊きあがったら10分蒸らし、万能ねぎを散らす。

ねぎの甘みが
ごはんにしみわたる

ごま油の風味がたまらん
ねぎ塩豚バラ丼

●材料（1合分）

米（洗って水けをきる）…1合
豚バラ薄切り肉…100g
水…180mℓ
ねぎの小口切り（多めがおいしい！）、
万能ねぎの小口切り…各適量

A
- 塩、和風顆粒だし…各小さじ1/2
- しょうゆ…小さじ1
- ごま油…大さじ1/2

●作り方

1. 豚肉は一口大に切る。
2. メスティンに米、水を入れ、30分ほど浸水させる。
3. Aを入れ、軽くまぜてねぎを加える。1をほぐしてのせ、ふたをして炊く。
4. 炊きあがったら10分蒸らし、万能ねぎを散らす。

チーズ多めがおすすめ

ひとりカレーなら♪
炊き込みカレーごはん

とろーりチーズの シーフードドリア

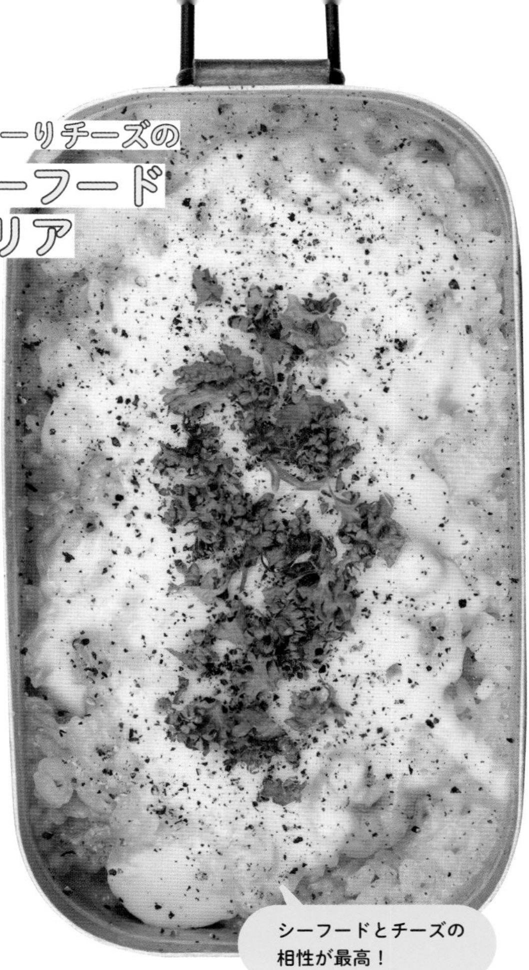

シーフードとチーズの相性が最高！

●材料（1合分）

米（洗って水けをきる）…1合
クリームシチュールウ…2かけ
水…200㎖
シーフードミックス（冷凍）…80g
ピザ用チーズ、こしょう、パセリ…各適量

●作り方

1. ルウは細かく刻む。
2. メスティンに米、水を入れ、30分ほど浸水させる。
3. 1、シーフードミックスを入れてまぜ、ふたをして火にかける。沸騰したら全体をまぜ、再びふたをして炊く。加熱が終わったらチーズをのせ、10分蒸らす。
4. 黒こしょう、パセリを振る。

●材料（1合分）

米（洗って水けをきる）…1合
ウインナソーセージ…3本
カレールウ…1かけ
水…200㎖
ミックスベジタブル（冷凍）…30g
ピザ用チーズ…適量

●作り方

1. ウインナは1㎝幅に切る。カレールウは細かく刻む。
2. メスティンに米、水を入れ、30分ほど浸水させる。
3. 1、ミックスベジタブルを入れてまぜ、ふたをして火にかける。沸騰したら全体をまぜ、再びふたをして炊く。
4. 炊きあがったらチーズをのせ、10分蒸らす。

● 材料（1人分）

みそラーメン（インスタント）…1袋
豚バラ薄切り肉、キムチ…各80g
ニラ…3〜4本
ごま油…適量
水…適量（ラーメンの記載量）

● 作り方

1 豚肉は一口大に、ニラは3㎝長さに切る。
2 クッカーにごま油を熱し、豚肉をいためる。色が変わったらキムチを入れてまぜあわせ、ニラを加えてさっといためる。
3 クッカーで袋の表示どおりにラーメンを作り、2をのせる。

間違いないコンビ

豚キムチ
みそラーメン

別ゆで不要！メスティンパスタ

●材料（1人分）

コーンポタージュの素（市販）…1袋
玉ねぎ…1/4個
しめじ、ホールコーン（缶詰）、パセリ…各適量
ベーコン…3枚
バター…10g
水…200mℓ
A **顆粒コンソメ**…1袋
A **塩、こしょう**…各適量
スパゲッティ…100g
牛乳…200mℓ

●作り方

1. しめじは石づきを切ってほぐす。玉ねぎは薄切りに、ベーコンは短冊切りにする。
2. メスティンにバターを熱し、1とコーンをいためる。野菜がしんなりしたら水、Aを入れる。
3. スパゲッティを半分に折って加え、ふたをして袋の表示時間を目安に煮込む。途中でときどきかきまぜる。
4. 牛乳とコーンポタージュの素を入れてよくまぜ、パセリを振る。

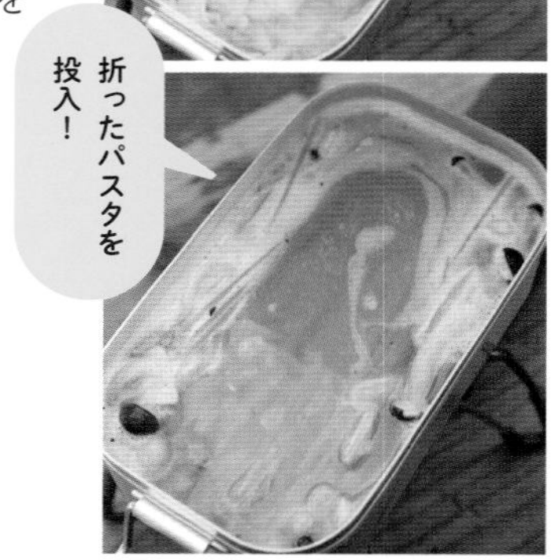

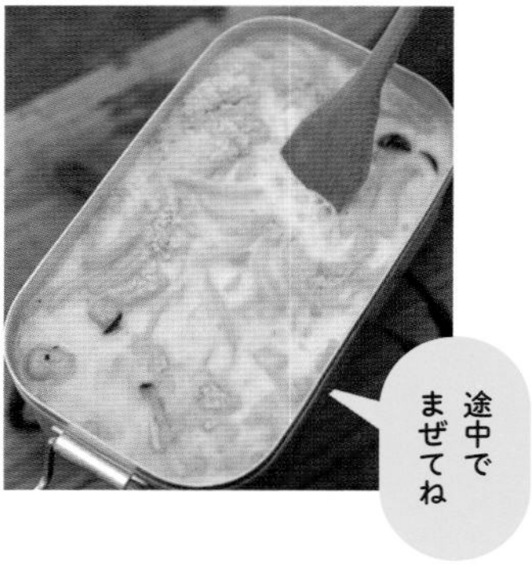

ARRANGE

シメのひたパン♪

残ったパスタソースに食べやすく切った食パン1枚を入れ、ソースがしみ込んだら裏返す。ピザ用チーズ適量をのせ、ふたをして火にかけ、チーズがとけたらパセリを振ってできあがり！

シメはひたパン♪

コーン
ポタージュ
パスタ

● **材料（1人分）**

牛ひき肉（または合いびき肉）、
スパゲッティ…各100g
玉ねぎのみじん切り…1/4個分
にんにくチューブ…2～3㎝
オリーブ油、塩、こしょう、
ピザ用チーズ、パセリ…各適量
A
トマトケチャップ…大さじ3
顆粒コンソメ…1袋
砂糖…小さじ1
水…300㎖

● **作り方**

1. メスティンにオリーブ油を熱し、ひき肉をいためる。色が変わったら玉ねぎ、にんにく、塩、こしょうを入れてまぜ、Aを加えてさらにいためる。
2. 水を入れ、スパゲッティを半分に折って加える。ふたをして袋の表示時間を目安に煮込む。途中でときどきかきまぜる。
3. スパゲッティに火が通り、汁けが少なくなったらチーズをのせてふたをする。チーズがとけたらパセリを振る。

子どもも大好き

ミートチーズパスタ

パスタは
折って入れる

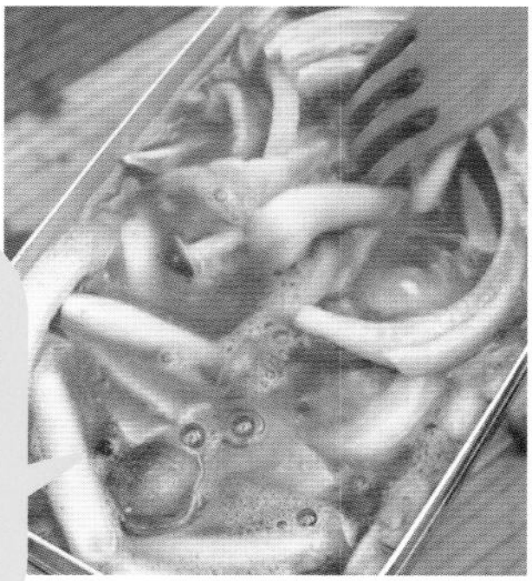

材料をメスティンに
入れて煮るだけで、
本格的なパスタに！

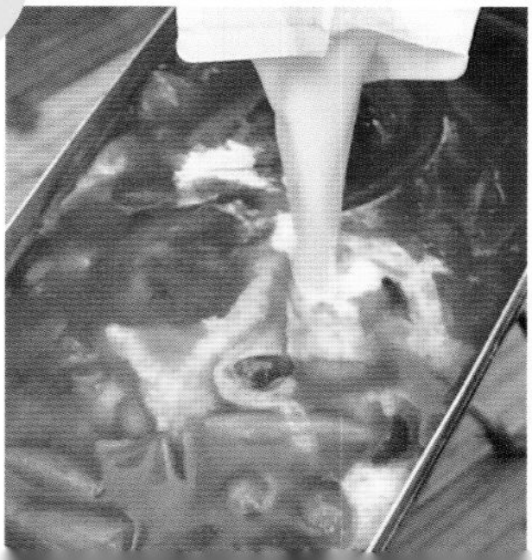

●材料（1人分）

カットトマト缶、スパゲッティ…各100g
玉ねぎ…1/4個
ベーコン…3枚
しめじ、塩、こしょう、粉チーズ…各適量
水…200mℓ
生クリーム…100mℓ

A
にんにくチューブ…2〜3cm
顆粒コンソメ…1袋
砂糖…小さじ1

●作り方

1. しめじは石づきを切ってほぐす。玉ねぎは薄切りに、ベーコンは短冊切りにする。
2. メスティンに半分に折ったスパゲッティ、1、A、トマト、水を入れて火にかける。
3. 沸騰したら軽くまぜ、ふたをして袋の表示時間を目安に煮込む。途中でときどきかきまぜる。
4. スパゲッティに火が通り、汁けが少なくなったら生クリームを入れてまぜ、塩、こしょうで味をととのえ、粉チーズを振る。

ARRANGE

シメのリゾット

残ったソースにごはん適量を入れて煮込み、粉チーズとパセリを振れば、トマトクリームリゾットが完成。

ソースは最後の
一滴までおいしく！

シメはリゾットに！

トマトクリームパスタ

●材料（１～２人分）

食パン…２枚（6 or 8枚切りがおすすめ）
「オレオ」…４枚
クリームチーズ…適量

●作り方

1. 食パン１枚にクリームチーズを塗り、対角線上にオレオを少しずつずらしながら並べる。ホットサンドメーカーにのせ、もう１枚のパンではさむ。
2. 両面に焼き色がつくまで焼き、オレオが断面に来るように斜め半分に切る。

POINT

断面をきれいに見せるには

ナイフで切る線上に具材の厚い部分が来るように置くのがポイント。

「りんごクリチサンド」（p.99）は、真ん中の線上に具材を並べます。

ホットサンドメーカーもいろいろなタイプが

バウルーの「サンドイッチトースター・シングル」は具材がつぶれにくく、断面がきれいに仕上がります。

IWANOの「ホットサンドメーカーFT」はパンの耳をしっかり圧着。分離タイプはミニフライパンとしても使用可能。

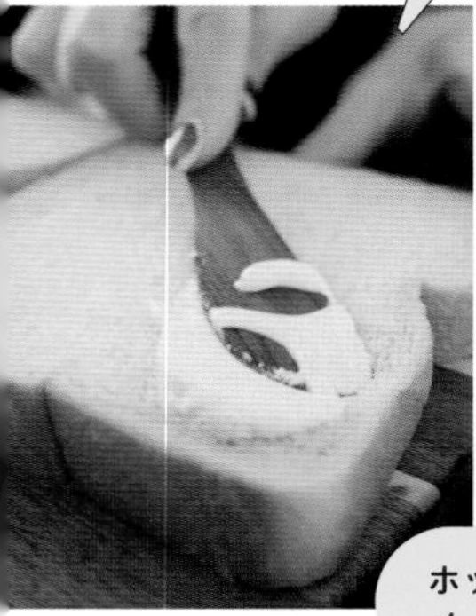

甘いもの好き必見！
オレオクリチサンド

最高の相性♡

あんこ
クリチサンド

●材料（1～2人分）

食パン…2枚
つぶあん、クリームチーズ…各適量

●作り方

1. 食パン1枚につぶあんとクリームチーズを塗ってホットサンドメーカーにのせ、もう1枚のパンではさむ。
2. 両面に焼き色がつくまで焼き、半分に切る。

朝食にぴったり

ピーナッツバター
バナナサンド

●材料（1～2人分）

食パン…2枚
バナナ…1本
ピーナッツバター…適量

●作り方

1. 食パン1枚にピーナッツバターを塗ってホットサンドメーカーにのせ、5㎜ほどの薄切りにしたバナナを並べる。もう1枚のパンではさむ。
2. 両面に焼き色がつくまで焼き、半分に切る。

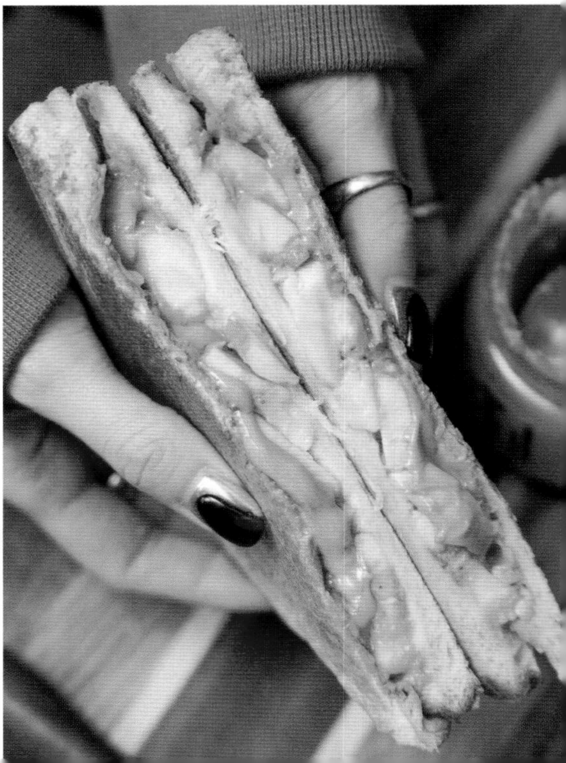

飽きないおいしさ

りんご クリチサンド

● **材料（1～2人分）**

食パン…2枚
りんご…1/4個
クリームチーズ、シナモン（粉末）はちみつ…各適量

● **作り方**

1. 食パン1枚にクリームチーズを塗って薄切りにしたりんごを少しずつずらしながら重ねる（p.96参照）。ホットサンドメーカーにのせ、シナモンを振り、はちみつをかけてもう1枚のパンではさむ。
2. 両面に焼き色がつくまで焼き、りんごの中心が断面に来るように半分に切る。

魅惑のペア

苺ジャム マシュマロサンド

● **材料（1～2人分）**

食パン…2枚
マシュマロ…4個
苺ジャム…適量

● **作り方**

1. 食パン1枚に苺ジャムを塗ってホットサンドメーカーにのせ、マシュマロをのせる。もう1枚のパンではさむ。
2. 両面に焼き色がつくまで焼き、半分に切る。

お酒にも合う♪

生ハムとアボカドのクリチサンド

●材料（１～２人分）

食パン…２枚
生ハム…３～４枚
アボカドの薄切り…1/2個分
クリームチーズ…適量

●作り方

1. 食パン１枚にクリームチーズを塗り、生ハム、アボカドを並べる。ホットサンドメーカーにのせ、もう１枚のパンではさむ。
2. 両面に焼き色がつくまで焼き、半分に切る。

トロトロチーズイン！

スクランブルホットサンド

●**材料（1～2人分）**

食パン…2枚
卵…1個
水…大さじ1
マヨネーズ…大さじ1
バター…1かけ
スライスチーズ…1枚
こしょう…適量

●**作り方**

1 卵、水、マヨネーズをまぜあわせる。ホットサンドメーカー（分離タイプ）の片面にバターを熱し、卵液を流し入れてゆるくまぜ、半熟の状態でとり出す。
2 食パン1枚をホットサンドメーカーにのせ、スライスチーズ、1をのせて黒こしょうを振る。もう1枚のパンではさむ。
3 両面に焼き色がつくまで焼き、半分に切る。

みんな大好き

ミートチーズサンド

●**材料（1～2人分）**

食パン…2枚
牛ひき肉…80～100g
玉ねぎ…1/4個
ピザ用チーズ…適量
A **塩、こしょう**…各適量
A **トマトケチャップ**…大さじ2
A **ソース**…小さじ1

●**作り方**

1 ホットサンドメーカー（分離タイプ）の片面を熱し、ひき肉をいためる。色が変わったらみじん切りにした玉ねぎを入れていため、透き通ったらAを加えてまぜ、とり出す。
2 食パン1枚をホットサンドメーカーにのせて1とチーズをのせる。もう1枚のパンではさむ。
3 両面に焼き色がつくまで焼き、半分に切る。

ボリュームバーガー♪

ピーマンハンバーグサンド

●材料（1～2人分）

食パン…2枚
スライスチーズ…2枚
レトルトハンバーグ…1個
ピーマン…1個

●作り方

1. レトルトハンバーグをお湯であたためる。ピーマンは細切りにする。
2. 食パン1枚をホットサンドメーカーにのせ、スライスチーズ、ハンバーグ、ピーマンをのせて、もう1枚のパンではさむ。
3. 両面に焼き色がつくまで焼き、半分に切る。

ピーマンのシャキッとした食感がアクセントに

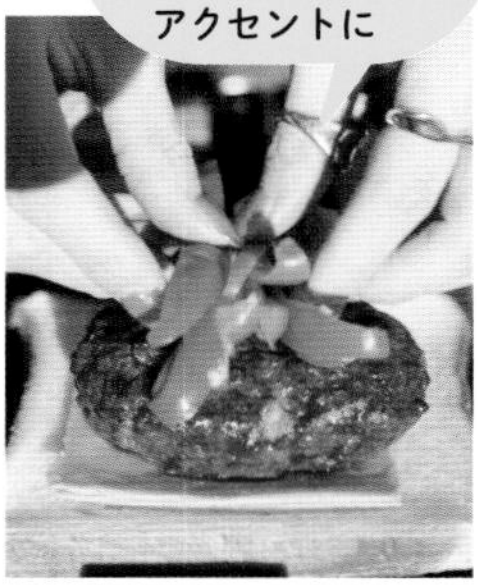

● 材料（1～2人分）

食パン…2枚
卵…1個
マヨネーズ、塩、こしょう、ピザ用チーズ…各適量

● 作り方

1 食パン1枚をホットサンドメーカーにのせ、真ん中をスプーンで凹ませる。パンのふちに沿ってマヨネーズを絞り、その上にチーズをのせて土手を作る。
2 パンの真ん中に卵を割り入れ、塩、こしょうを振る。もう1枚のパンではさむ。
3 両面に焼き色がつくまで焼き、半分に切る。

弱火でじっくり焼くと黄身が固めに、強火でさっと焼くと黄身が半熟に仕上がります

焼き加減で半熟を楽しめる

目玉焼きホットサンド

アツアツトロトロ

シナモン焼きバナナ

●**材料**（1～2人分）

バナナ…1本
シナモン（粉末）、砂糖…各適量
バター…1かけ

●**作り方**

1 ホットサンドメーカーにバターを熱し、輪切りにしたバナナを並べ、シナモン、砂糖を振る。
2 ホットサンドメーカーを閉じ、とろりとするまで焼く。

別々に焼いてフュージョン！

とん平焼き

●**材料**（1～2人分）

豚こま切れ肉…30g
キャベツのせん切り（市販）…ふたつかみ
卵…1個
塩、こしょう、ピザ用チーズ、油、ソース、マヨネーズ、かつお節、ねぎの小口切り…各適量

●**作り方**

1 ホットサンドメーカー（分離タイプ）の片面に油を熱し、豚肉をいためる。色が変わったらキャベツを加えていため（少なければ好みで足しても）、塩、こしょうを振り、チーズをのせる。
2 もう片面に油を熱し、ときほぐした卵を薄く流し入れて焼く。
3 卵の表面が固まったら1にのせ、ソース、マヨネーズ、かつお節をかけ、ねぎを散らす。

冷凍パイシートで！

ホワイトショコラ りんごパイ

●材料（1～2人分）

りんご…1/4個
ホワイトチョコレート…5かけ
バター…8g
冷凍パイシート、
シナモン（粉末）…各適量
砂糖…大さじ1

●作り方

1. ホットサンドメーカーの片面の大きさのパイシートを2枚用意する。
2. 片面にバターを熱し、薄切りにしたりんごを並べ、砂糖を振る。汁けがなくなるまで返しながら煮詰め、シナモンを振ってとり出す。
3. ホットサンドメーカーにパイシートを1枚敷き、2、小さく割ったホワイトチョコレートをのせる。
4. もう1枚のパイシートをかぶせ、両面に焼き色がつくまで焼く。

濃厚な甘さとチーズの塩けがマッチ

チーズin スイートポテトパイ

●材料（1～2人分）

冷凍パイシート…適量
スイートポテト（市販）…1個
スライスチーズ…1枚

●作り方

1. ホットサンドメーカー（写真では食パン1枚用のもの〈4w1h〉を使用）を開いた大きさのパイシートを1枚用意する。
2. ホットサンドメーカーにパイシートを敷き、スライスチーズ、スイートポテトをのせてかぶせるようにはさむ。
3. 両面に焼き色がつくまで焼く。

● 材料（1枚分）

キャベツのせん切り…ひとつかみ（50g）
紅しょうが（刻む）…適量
天かす…大さじ2
A ┌ **小麦粉、水**…各大さじ3
　 └ **卵**…1個
豚バラ薄切り肉…3枚
油、お好み焼きソース、
マヨネーズ、かつお節、青のり
…各適量

● 作り方

1. ファスナーつき保存袋にAを入れ、袋をもんでまぜる。キャベツ、紅しょうが、天かすを加え、さらにもんでまぜる。
2. ホットサンドメーカーの両面に油をひいて熱し、片面に豚肉を並べる（豚肉がはみ出す場合は切る）。色が変わったら裏返す。
3. 火が通ったら1の保存袋の角を切って生地を流し入れる。両面に焼き色がつくまで弱〜中火でじっくり焼く。
4. 器に盛ってソース、マヨネーズ、かつお節、青のりをかける。

保存袋&ホットサンドメーカーで！お好み焼き

キャンプ場で焼くだけ！

ナッツのフレンチトースト

材料（1～2人分）

食パン（厚めにカットしたもの）…1枚

A
- **溶き卵**…1個分
- **牛乳**…100mℓ
- **砂糖**…大さじ1
- **バニラエッセンス**…2～3滴

バター…1かけ

メープルシロップ、くるみ、（あれば）粉砂糖…各適量

作り方

1 ファスナーつき保存袋にAを入れ、よく振ってまぜる。

2 食パンを4等分にして1に入れ、卵液がしみ込むまでおく。

3 フライパンにバターを熱し、2を焼く。焼き色がついたら裏返して同様に焼く。

4 メープルシロップをかけ、小さく割ったくるみを散らし、あれば粉砂糖を振る。

●材料（1～2人分）

バナナ…2本
板チョコレート、マシュマロ…各適量

●作り方

1. バナナの縦半分の皮だけむく。等間隔に切り込みを入れ、1本には小さく割った板チョコレートを、もう1本にはマシュマロを差し込む。
2. 焼き網などにのせ、チョコレートやマシュマロがとけるまで焼く（炎がある火で焼くときはアルミホイルを敷いて）。

バナナに
チョコとマシュマロの
溝を作るよ

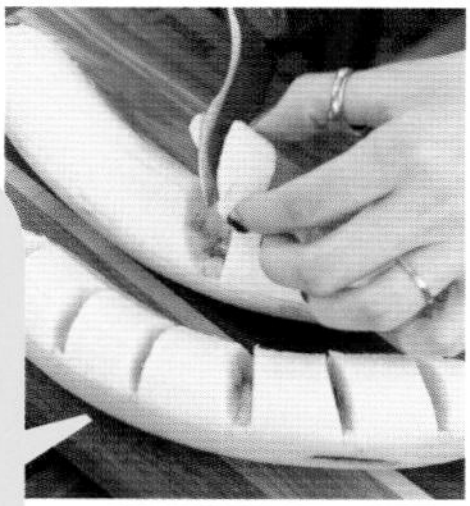

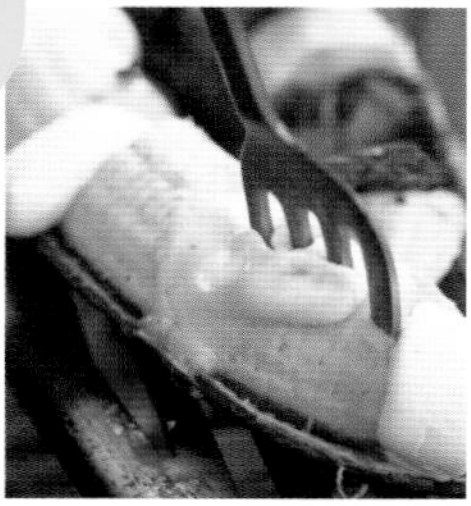

はさんで焼くだけ

焼きチョコバナナボート

ホクホクやさしい甘み

蒸し焼き芋ブリュレ

● 材料（1～2人分）

さつまいも、グラニュー糖…各適量

● 作り方

1 さつまいもをよく洗い、輪切りにする。
2 メスティンに網を入れ、網の高さの少し下まで水を注ぐ。1を入れてふたをし、さつまいもに火が通るまで蒸す。
3 グラニュー糖をかけてガストーチで焦げ目がつくまで炙る。

ガストーチ

可燃性のガスを燃料にして高温の炎を出す器具。火おこしや炙り料理に活躍。

網の下に水を入れて蒸し焼きに

●材料（1～2人分）

「カルピス」(希釈用／好みの味)…100mℓ
牛乳…200mℓ
みかん(缶詰)…1缶

●作り方

1. ファスナーつき保存袋にすべての材料を入れ、空気を抜いて袋を閉じる。
2. よく振って冷凍室で3～4時間以上凍らせる。
3. 袋の外側からよくもんでほぐし、器に盛る。

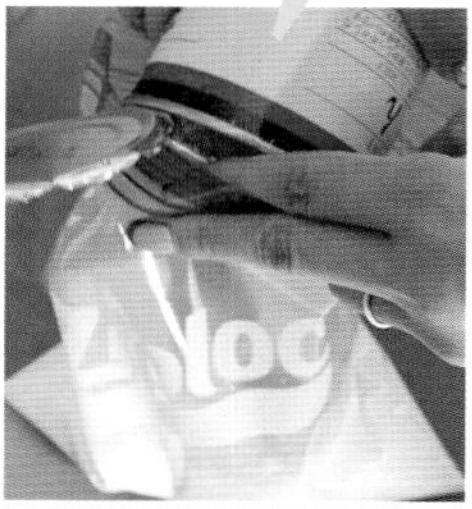

クーラーボックスに潜ませて

クラッシュカルピスみかんシャーベット

さーやん

インスタグラムを中心に、おしゃれなキャンプライフやキャンプ料理、コーディネートなどを発信している。SNSの総フォロワー93万人（2023年４月）。キャンプ料理のショート動画が人気。元はインドア派だったが、夫のともやんの影響でキャンプの魅力にハマり、自身のアカウントで発信するうち、たちまち人気に。愛車のジムニーはキャンプに合うようにカスタムをするほどのこだわりようで注目を集めている。

@___saaayan___

さーやんフウフ
@___saaayan___

@___saaayan___

STAFF

デザイン　吉村　亮、石井志歩（Yoshi-des.）
撮影　ともやん（@tomoyan726）
イラスト　朝野ペコ
取材・文　野田りえ
編集　中野桜子
編集デスク　樋口　健・北川編子（光文社）

料《りょう》理《り》苦手《にがて》な人《ひと》もヨユー！
さーやんのゼロスキル！　キャンプ飯《めし》

2023年４月30日　初版第１刷発行
2023年10月25日　第３刷発行

著　者　さーやん
発行者　三宅貴久
発行所　株式会社　光文社
〒112-8011東京都文京区音羽1-16-6
電話　編集部03-5395-8172
書籍販売部03-5395-8116
業務部03-5395-8125
メール　non@kobunsha.com
落丁本・乱丁本は業務部へご連絡くだされば、お取り替えいたします。

組　版　堀内印刷
印刷所　堀内印刷
製本所　ナショナル製本

ISBN978-4-334-95374-4